Deutsch als Fremdsprache

Schritte

1
2

Glossar
Deutsch – Russisch

Глоссарий
немецко – русский

bearbeitet von
Olga Liebich

D1730491

Max Hueber Verlag

Die **fett** gedruckten Wörter werden in der Prüfung
Start Deutsch 1z verlangt.

3. 2. 1.   Die letzten Ziffern
2009 08 07 06 05   bezeichnen Zahl und Jahr des Druckes.
Alle Drucke dieser Auflage können, da unverändert,
nebeneinander benutzt werden.
1. Auflage
© 2005 Max Hueber Verlag, 85737 Ismaning, Deutschland
Fremdsprachenredaktion und Satz: TextMedia, Erdmannhausen
Druck und Bindung: Druckhaus am Kitzenmarkt, Augsburg
Printed in Germany
ISBN 3–19–091704–3

Schritte 1
Kursbuch

Die erste Stunde im Kurs.	Первый урок в группе.
gut	хороший
Guten Tag.	Добрый день.
heißen	звать
im → in	в
der Kurs, -e	курс, учебная группа
die Lektion, -en	урок (учебника)
mein	мой
Mein Name ist …	Мое имя …
der Name, -n	имя
ist → sein	есть → быть
Sie	Вы
die Stunde, -n	урок
der Tag, -e	день
und	и, а
Und wie heißen Sie?	А как Вас зовут?
wie	как

Lektion 1

Seite 8

an·sehen	смотреть
das	это
Das ist ...	Это ...
die Folge, -n	серия
das Foto, -s	фотография
hören	слушать, слышать
Sehen Sie die Fotos an und hören Sie.	Смотрите на фотографии и слушайте.
wer	кто
Wer ist das?	Кто это?

Seite 9

aus	из, с
Danke!	Спасибо!
der Herr, -en	господин
ich	я
ich bin → sein	я ... → быть
Ich komme aus ...	Я (родом) из ...
kommen	приходить, приезжать, происходить
nein	нет
Nein, ich bin nicht ...	Нет, я не ...
nicht	не
noch einmal	еще раз
Ordnen Sie zu.	Подберите.

der Papa, -s	папа
sagen	говорить
die Ukraine	Украина
Vielen Dank!	Большое спасибо!
Wer sagt das?	Кто это говорит?
zu·ordnen	подбирать, сочетать

Seite 10

6 Uhr	6 часов
der Abend, -e	вечер
aber	но
Auf Wiedersehen.	До свидания.
bei	у, в
die Dame, -n	дама
die Frau, -en	женщина
Guten Abend, meine Damen und Herren.	Добрый вечер, дамы и господа.
Guten Morgen.	Доброе утро.
Hallo.	Привет.
international	международный
jetzt	сейчас, теперь
Jetzt aber gute Nacht.	А теперь спокойной ночи.
die Mama, -s	мама
der Morgen, -	утро
die Musik (nur Singular)	музыка
die Nacht, ¨e	ночь
oh	о

Sprechen Sie im Kurs.	Поговорите в группе.
sprechen	говорить
Tschüs.	Пока.
(das) Wiedersehen	сокращенная форма от *Auf Wiedersehen* – До свидания
willkommen	добро пожаловать

Seite 11

ah	ах
Ah ja.	Ах да.
antworten	отвечать
dann	тогда
ein	неопределенный артикль мужского и среднего рода
die Entschuldigung, -en	извинение
Entschuldigung.	Извините.
Fragen Sie und antworten Sie im Kurs.	Спрашивайте и отвечайте в группе.
fragen	спрашивать
Ich weiß es nicht.	Я этого не знаю.
Ihrem	Вашим
ja	да
Ja, stimmt.	Да, верно.
die Kollegin, -nen	коллега (женщина)
mit	с
stimmen	быть верным

Suchen und zeigen Sie ein Foto.	Поищите и покажите фотографию.
suchen	искать
ich weiß → wissen	я знаю → знать
Wer ist das?	Кто это?
zeigen	показывать

Seite 12

Afghanistan	Афганистан
(das) Arabisch (nur Singular)	арабский (язык)
das Bild, -er	фотография
Deutsch	немецкий (язык)
Deutschland	Германия
du	ты
ein bisschen	немного
eine	неопределенный артикль женского рода
(das) Englisch (nur Singular)	английский (язык)
ergänzen	дополнять
(das) Französisch (nur Singular)	французский (язык)
Freut mich.	Это меня радует.
das Gespräch, -e	разговор
der Irak	Ирак
der Iran	Иран

(das) Italienisch (nur Singular)	итальянский (язык)
der Jemen	Йемен
Kasachstan	Казахстан
Kroatien	Хорватия
(das) Kroatisch (nur Singular)	хорватский (язык)
das Land, ¨er	страна
machen	делать
... machen Sie eine Wandzeitung.	... сделайте стенгазету.
Marokko	Марокко
Österreich	Австрия
passen	подходить
(das) Persisch (nur Singular)	персидский (язык)
(das) Russisch (nur Singular)	русский (язык)
Russland	Россия
die Schweiz	Швейцария
du bist → sein	ты ... → быть
(das) Serbisch (nur Singular)	сербский (язык)
die Sprache, -n	язык
du sprichst → sprechen	ты говоришь → говорить
der Sudan	Судан
Tunesien	Тунис
die Türkei	Турция
(das) Türkisch (nur Singular)	турецкий (язык)

(das) Ukrainisch (nur Singular)	украинский (язык)
Vietnam	Вьетнам
(das) Vietnamesisch (nur Singular)	вьетнамский (язык)
die Wandzeitung, -en	стенгазета
was	что
welch-	какой
Welches Bild passt zu welchem Gespräch?	Какая фотография подходит к какому разговору?
woher	откуда
zu	к

Seite 13

Auf Wiederhören.	До свидания. (говорится по телефону)
das Beispiel, -e	пример
der Buchstabe, -n	буква
buchstabieren	называть по буквам
Buchstabieren Sie Ihren Namen.	Назовите свое имя по буквам.
sie ist da → da sein	она здесь → быть здесь
die Firma, Firmen	фирма
Hören Sie das Telefongespräch und sprechen Sie dann mit Ihrem Namen.	Прослушайте телефонный разговор и затем повторите его, вставляя свое имя.

in	в
Ist Frau Söll da?	Госпожа Зёлль здесь?
Ja, gut.	Да, хорошо.
Leid tun	мне, тебе, нам ... жаль
markieren	отмечать
Markieren Sie unbekannte Buchstaben.	Отметьте незнакомые буквы.
die Seite, -n	страница
das Spiel, -e	игра
Suchen Sie in der Lektion Wörter mit ...	Ищите в уроке слова с ...
das Telefongespräch, -e	телефонный разговор
tut mir Leid	мне жаль
unbekannt	незнакомый
(**das**) **Wiederhören** (nur Singular)	сокращенная форма от *Auf Wiederhören* – До свидания (говорится по телефону)
das Wort, ¨er	слово

Seite 14 _____

die Adresse, -n	адрес
die Anmeldung, -en	формуляр для прописки
dem → das	определенный артикль среднего рода дательного падежа
(das) Deutsch als Fremdsprache	немецкий язык как иностранный
die E-Mail, -s	электронная почта

e.V. = eingetragener Verein	зарегистрированное общество
Ergänzen Sie das Formular.	Дополните формуляр.
Ergänzen Sie die Wörter aus dem Formular.	Дополните слова из формуляра.
der Familienname, -n	фамилия
das Formular, -e	формуляр
für	для
der Geschäftsführer, -	коммерческий директор, управляющий делами фирмы
das Haar-Zentrum	салон-парикмахерская
die Hausnummer, -n	номер дома
die Kultur, -en	культура
die Kursliste, -n	список группы
lesen	читать
Lesen Sie und ergänzen Sie die Liste.	Прочтите и дополните список.
die Liste, -n	список
die Migration, -en	миграция
die Nummer, -n	номер
die Postleitzahl, -en	почтовый индекс
schreiben	писать
Schreiben Sie eine Kursliste.	Напишите список группы.
die Stadt, ¨e	город
die Straße, -n	улица
Verein für Kultur und Migration e.V.	Объединение за культуру и миграцию, зарегистрированное общество

der Verein, -e объединение, общество
der Vorname, -n имя
die Zahl, -en число

Seite 15

der Abschied, -e прощание
die Aussage, -n высказывание
die Begrüßung, -en приветствие
bitten просить
danken благодарить
die Grammatik, -en грамматика
die Herkunft, ̈e происхождение
die Konjugation, -en спряжение
die Kurssprache, -n язык на занятии
das Nomen, - имя (грамматический
термин)

die Personalie, -n личные данные
die Position, -en позиция
die Strategie, -n стратегия
das Verb, -en глагол
die Wendung, -en оборот
die W-Frage, -n вопрос, который начи-
нается с вопроситель-
ного слова на w

wichtig важный
die Wortbildung, -en словообразование

Lektion 2

die **Familie**, -n	семья
genau	точно
Ja, genau.	Да, точно.
meine Familie	моя семья
meinen	иметь в виду
Was meinen Sie?	Что вы имеете в виду?

an·kreuzen	отметить крестиком
der **Bruder**, ⸚	брат
denn	здесь: же
die (**Ehe-**)**Frau**, -en	жена
es geht gut/schlecht	дела идут хорошо/плохо
Kreuzen Sie an.	Отметьте крестиком.
leben	жить
meine Frau	моя жена
die **Mutter**, ⸚	мать
na	ну
Na, wie geht's?	Ну, как дела?
richtig	правильно
Sie sind → sein	Вы ... → быть
verstehen	понимать
Verstehst du?	Ты понимаешь?
Was ist richtig?	Что правильно?
Wer sind Sie denn?	Кто же вы?

| wo | где |
| Wo ist denn ...? | Где же ...? |

ach	ах
Ach, nicht so gut.	Ах, не очень хорошо.
auch	тоже
dir → du	тебе → ты
Ihnen → Sie	Вам → вы
das Kärtchen, -	карточка
Machen Sie Kärtchen.	Сделайте карточки.
na ja	ну
Na ja, es geht.	Ну, ничего.
das Rollenspiel, -e	ролевая игра
sehr	очень
sehr gut	очень хорошо
super	отлично
Und Ihnen?	А у Вас?
die Variante, -n	вариант
Wie geht es dir?	Как у тебя дела?
Wie geht es Ihnen?	Как у Вас дела?
Wie geht's?	Как дела?

das da	это там
das hier	это здесь
die Eltern (nur Plural)	родители

das Familienfoto, -s	семейная фотография
das Kind, -er	ребенок
mein Mann	мой муж
der (Ehe-)Mann, ⸚er	муж
der Mann, ⸚er	мужчина
die Schwester, -n	сестра
der Sohn, ⸚e	сын
die Tochter, ⸚	дочь
der Vater, ⸚	отец

Seite 20

er	он
Er wohnt in der Rosenheimer Straße.	Он живет на улице Розенхаймер Штрассе.
der Freund, -e	друг
sie hat → haben	у нее есть → иметь
der Hase, -n	заяц
hier	здесь
ihr	вы
die Party, -s	вечеринка
schon lange	уже давно
seine, sein	его
sie (3. P. Pl.)	они
variieren	варьировать
wir	мы
er wohnt → wohnen	он живет → жить
zwei	два

alt	старый; *Ich bin 25 Jahre alt.* Мне 25 лет
das Alter (nur Singular)	возраст
aus·füllen	заполнять
der Familienstand (nur Singular)	семейное положение
Füllen Sie das Formular aus.	Заполните формуляр.
geboren	родился
der Geburtsort, -e	место рождения
geschieden	разведенный
das Heimatland, ¨er	родина
kein	никакой (отрицательный артикль)
ledig	холостой/незамужняя
nach·sprechen	повторять
Nein, ich bin geschieden.	Нет, я разведен(а).
der Partner, -	партнер
die Partnerin, -nen	партнерша
Sind Sie verheiratet?	Вы женаты/замужем?
Sprechen Sie nach.	Повторяйте.
die Telefonnummer, -n	номер телефона
über	о
verheiratet	женатый/замужняя
verwitwet	вдовый/-ая
Welche Telefonnummern hören Sie?	Какие телефонные номера Вы слышите?

Wie alt ist Ihr Kind?	Сколько лет Вашему ребенку?
Wie ist Ihre Adresse?	Какой у Вас адрес?
Wo sind Sie geboren?	Где Вы родились?
der Wohnort, -e	местожительство

Seite 22 _____

auf	на
auf der Landkarte	на географической карте
das Baby, -s	младенец
deutschsprachig	говорящий по-немецки
deutschsprachige Länder	страны немецкого языка
falsch	неправильный
die Hauptstadt, ¨e	столица
das Jahr, -e	год
die Landkarte, -n	географическая карта
die Leute (nur Plural)	люди
liegen	находиться
Nord-	северный
der Norden (nur Singular)	север
oder	или
der Osten (nur Singular)	восток
das Quiz (nur Singular)	викторина
Süd-	южный
der Süden (nur Singular)	юг
von	с, из, от
der Westen (nur Singular)	запад

andere	другие
Angaben zur Person	данные о личности
die Angabe, -n	данные
das Befinden (nur Singular)	самочувствие
feminin	женский род (грам.)
maskulin	мужской род (грам.)
neutral	средний род (грам.)
der Ort, -e	место
die Person, -en	личность
der Plural (nur Singular)	множественное число
der Possessivartikel, -	притяжательное местоимение
der Singular (nur Singular)	единственное число
vorstellen	представлять

Lektion 3

der Apfel, ⸚	яблоко
die Banane, -n	банан
Brunos Obst- und Gemüseladen	фруктово-овощной магазин Бруно
der Einkauf, ⸚e	покупка
das Gemüse (nur Singular)	овощи

der Gemüseladen, ¨	овощной магазин
der/das Joghurt, -s	йогурт
kaufen	покупать
kennen	знать
das Landbrot, -e	крестьянский хлеб (сорт)
das Mineralwasser, -	минеральная вода
das Obst (nur Singular)	фрукты
der Obstladen, ¨	фруктовый магазин
das Rindfleisch (nur Singular)	говядина
die Sahne (nur Singular)	сливки
das Salz, -e	соль
der Supermarkt, ¨e	супермаркет

Seite 25 _____

brauchen	нуждаться в ...
die Flasche, -n	бутылка
das Getränk, -e	напиток
möchten, ich möchte	хотеть
neu	новый
schon	уже
der Sportler, -	спортсмен

Seite 26 _____

das Bier, -e	пиво
das Brot, -e	хлеб
der Fisch, -e	рыба

das Fleisch (nur Singular)	мясо
Hier bitte.	Вот, пожалуйста.
der Käse, -	сыр
die Milch (nur Singular)	молоко
noch	еще
der Reis (nur Singular)	рис
der Saft, ⸚e	сок
der Tee, -s	чай
der Text, -e	текст
das Wasser (nur Singular)	вода
der Wein, -e	вино

Seite 27

das Brötchen, -	булочка
Das ist doch keine Sahne.	Это же не сливки.
auf Deutsch	по-немецки
doch	же
das Ei, -er	яйцо
die Kartoffel, -n	картофель
der Kuchen, -	пирог
die Orange, -n	апельсин
das Rätsel, -	загадка
die Tomate, -n	помидор
vielleicht	наверное
Wie bitte?	Простите, не понял(а).

der Cent, -s	цент
der Euro, -s	евро
die Flosse, -n	плавник
heute	сегодня
die Kieme, -n	жабра
der Korb, ¨e	корзина
kosten	стоить
nur	только
die Schuppe, -n	чешуя
das Suchbild, -er	картинка, на которой нужно искать предметы
das Tier, -e	животное
viele	много, многие
das Wörterbuch, ¨er	словарь

der Becher, -	кружка, стакан
die Butter (nur Singular)	масло
die Dose, -n	консервная банка
das Gewicht, -e	вес
das Gramm, -	грамм
der Kaffee, -s	кофе
das Kilo, -s	килограмм
die Lebensmittelabteilung, -en	продовольственное отделение
der Liter, -	литр
die Maßeinheit, -en	единица меры

die Packung, -en	упаковка
das Pfund, -e	фунт
der Prospekt, -e	проспект
die Schinkenwurst, ¨e	ветчинная колбаса
das Sonderangebot, -e	специальное предложение
wie viel	сколько

Seite 30

alles	всё
die Bäckerei, -en	булочная
Bitte schön?	Пожалуйста (я вас слушаю)?
Das ist alles.	Это всё.
das macht ...	это стоит ...
Das macht dann 2 Euro 38.	Это стоит 2 евро 38.
einkaufen	покупать, ходить за покупками
etwas	что-то
finden	находить
helfen	помогать
Ich hätte gern ...	Я бы хотел ...
Kann ich Ihnen helfen?	Я могу вам помочь?
keine mehr	больше нет
ich kann → können	я могу → мочь
der Kunde, -n	клиент
die Kundin, -nen	клиентка
das Lebensmittel, -	продукт питания
die Metzgerei, -en	мясной магазин

Nein, danke.	Нет, спасибо.
sonst	здесь: еще
Sonst noch etwas?	Что-нибудь еще?
spielen	играть
der Verkäufer, -	продавец
die Verkäuferin, -nen	продавщица
Was kostet ...?	Что стоит ...?
Wo finde ich ...?	Где я могу найти ...?

Seite 31

die Antwort, -en	ответ
der Artikel, -	артикль
die Ja-/Nein-Frage, -n	общий вопрос с ответом «да» или «нет»
die Mengenangabe, -n	данные о количестве
nach·fragen	спрашивать
der Negativartikel, -	отрицательный артикль
der Preis, -e	цена
unbestimmter Artikel	неопределенный артикль

Lektion 4

Seite 32

das Bad, ¨er	ванная
groß	большой
sie hat → haben	у нее есть → иметь
das Haus, ¨er	дом

der Hunger (nur Singular)   голод

klein   маленький

die Wohnung, -en   квартира

das Zimmer, -   комната

Seite 33

besser   лучше

der Borschtsch (nur Singular)   борщ

dort   там

der Durst (nur Singular)   жажда

Ihnen gefällt → gefallen   Вам нравится → нравиться

er schmeckt → schmecken   он вкусный → быть вкусным

total   здесь: очень

die Vorsicht (nur Singular)   осторожность

Seite 34

der Balkon, -e   балкон

der Flur, -e   коридор

das Kinderzimmer, -   детская комната

die Küche, -n   кухня

mal   -ка (частица)

natürlich   естественно

Sagen Sie mal, ...   А скажите, ...
das Schlafzimmer, -   спальня
die Toilette, -n   туалет
das Wohnzimmer, -   гостиная
zeichnen   чертить, рисовать

Seite 35

billig   дешевый
breit   широкий
dunkel   темный
ganz gut   здесь: вполне (нравиться)
hässlich   совсем некрасивый,
                                         уродливый

hell   светлый
lang   длинный
das Satz-Puzzle, -s   предложение-головоломка
der Satz, ⸚e   предложение
schmal   узкий
schön   красивый, хороший
teuer   дорогой
vergleichen   сравнивать
zu verkaufen   продается

Seite 36

die Badewanne, -n   ванна
das Bett, -en   кровать, постель
blau   голубой

braun	коричневый
die Dusche, -n	душ
das Elektrogerät, -e	электроприбор
die Farbe, -n	цвет
der Fernseher, -	телевизор
gelb	желтый
glauben	здесь: думать
grau	серый
grün	зеленый
der Herd, -e	плита
der Kühlschrank, ̈e	холодильник
die Lampe, -n	лампа
das Möbel, -	мебель
oben	наверху
rot	красный
der Schrank, ̈e	шкаф
schwarz	черный
das Sofa, -s	диван
der Stuhl, ̈e	стул
der Tisch, -e	стол
das Waschbecken, -	раковина
die Waschmaschine, -n	стиральная машина
weiß	белый

Seite 37

ab	от
die Anzeige, -n	объявление
das Apartment, -s	современная маленькая квартира

bezahlen	платить
bis	до
ca. = circa	примерно
diktieren	диктовать
etc. = et cetera	и так далее
die Garage, -n	гараж
die Kaution, -en	залог
im Monat	в месяц
die Miete, -n	квартплата
mieten	снимать (квартиру)
der Mietmarkt, ̈e	рынок съемной жилпло- щади
der Mietpreis, -e	стоимость съема
möbliert	меблированный
der Monat, -e	месяц
die Monatsmiete, -n	месячная квартплата
die Nebenkosten (nur Plural)	дополнительные расходы
privat	частный
der Quadratmeter, -	квадратный метр
der Stock (nur Singular)	этаж
Tel. = Telefon	телефон
das TV (nur Singular)	телевидение
der Wohnraum, ̈e	жилая площадь
Zi = Zimmer	комната

Seite 38

aha	ага
am	здесь: у, около

der Anruf, -e	телефонный звонок
cm = der Zentimeter, -	сантиметр
der Computer, -	компьютер
der Computertisch, -e	компьютерный стол
da sein	быть на месте
gebraucht	подержанный
gern	охотно
gleich	сейчас, немедленно
der Hauptbahnhof, ⸚e	главный вокзал
hoch	высокий
In Ordnung?	В порядке?
die Kleinanzeige, -n	маленькое объявление
die Marke, -n	марка
der Meter, -	метр
prima	отлично
der Schreibtisch, -e	письменный стол
ungefähr	приблизительно
wie neu	как новый
wie oben	здесь: как приведенный выше
der Zentimeter, -	сантиметр
zu Hause	дома
der Zustand (nur Singular)	состояние

Seite 39 _____

beschreiben	описывать
bestimmter Artikel	определенный артикль

das Missfallen (nur Singular)	недовольство
die Negation, -en	отрицание
das Personalpronomen, -	личное местоимение
die Zustimmung, -en	согласие

Lektion 5

Seite 40

müde	усталый

Seite 41

abends	вечером
am Morgen	утром
am Nachmittag	в послеобеденное время
am Vormittag	в дообеденное время
arbeiten	работать
der Freitag, -e	пятница
das Frühstück (nur Singular)	завтрак
die Hausaufgabe, -n	домашнее задание
der Laden, ⸚	магазин
der Montag, -e	понедельник
morgens	по утрам
der Nachmittag, -e	послеобеденное время
die Schule, -n	школа
ich stehe ... auf → auf·stehen	я встаю → вставать

die Uhr, -en	часы
um	в
der Vormittag, -e	дообеденное время

ach bitte	ах, пожалуйста
halb	половина
kurz	короткий
kurz nach (zehn)	начало (одиннадцатого)
kurz vor (zehn)	около (десяти)
man	безличное местоимение
	Man sagt, dass ...
	Говорят, что ...
(heute) nicht mehr	здесь: (сегодня) больше нет
die Uhrzeit, -en	время
das Viertel, -	четверть
Viertel nach (zehn)	четверть (одиннадцатого)
Viertel vor (zehn)	без четверти (десять)
Wie spät ist es?	Который час?

sie ruft ... an → **an·rufen**	она звонит → звонить (по телефону)
ich räume ... auf → auf·räumen	я занимаюсь уборкой → заниматься уборкой

er sieht fern → fern·sehen	он смотрит телевизор → смотреть телевизор
früh	рано
der Fußball, ⸚e	футбол
kochen	варить
das Mittagessen, -	обед

Seite 44

der Abendkurs, -e	вечерний курс
an·fangen	начинать
der Dienstag, -e	вторник
der Donnerstag, -e	четверг
erst	только
der Geburtstag, -e	день рождения
gehen	идти
ins Bett gehen	идти в постель
der Intensivkurs, -e	интенсивный курс
der März (nur Singular)	март
der Mittwoch, -e	среда
der Samstag, -e	суббота
der Sonntag, -e	воскресенье
spät	поздно
wann	когда
warum	почему
die Woche, -n	неделя
die Zeit, -en	время
Zeit haben	иметь время

der Englischkurs, -e	курс английского языка
erzählen	рассказывать
essen, du isst, er isst	есть, кушать
frühstücken	завтракать
ganz	целый
in der Nacht	ночью
jeder	каждый
das Kino, -s	кино
der Mittag, -e	обеденное время
die Pizza, -s	пицца
sehen, du siehst, er sieht	видеть, смотреть
spazieren gehen	гулять
den ganzen Tag	целый день
die Tageszeit, -en	время дня
wirklich	действительно

die Ansage, -n	объявление
das Arbeitsamt, ¨er	биржа труда
die Arztpraxis, -praxen	врачебная практика
der Bahnhof, ¨e	вокзал
Dr. = Doktor; der Doktor, -en	доктор
das Fitness-Studio, -s	фитнес-студия
der Friseursalon, -s	парикмахерская
geöffnet	открыто
die Geschäftszeit, -en	время работы

die Hansestadt, ⁼e	ганзейский город
die Nachrichten (nur Plural)	новости
die Öffnungszeit, -en	время работы
offiziell	официально
das Schild, -er	вывеска, табличка
die Sprechstunde, -n	прием, приемное время
die Touristeninformation, -en	туристская информация

Seite 47

die Aktivität, -en	занятие
das Ende, -n	конец
der Hauptsatz, ⁼e	главное предложение
die Präposition, -en	предлог
die Praxis, Praxen	практика
der Tagesablauf, ⁼e	протекание дня
temporal	временный
trennbar	отделимый
die Verabredung, -en	договоренность
die Vorliebe, -n	пристрастие

Lektion 6

Seite 48

| die Cola (nur Singular) | кока-кола |
| **die Freizeit** (nur Singular) | свободное время |

der Garten, ⸚	сад
der Grill, -s	гриль
die Kohle (nur Singular)	уголь
der Park, -s	парк
das Picknick, -s	пикник
Es regnet. → **regnen**	Идет дождь.
scheinen	сиять, светить
die Sonne, -n	солнце
das Wetter (nur Singular)	погода

Seite 49

der Apfelsaft, ⸚e	яблочный сок
dabei haben	иметь с собой
das Essen (nur Singular)	еда
italienisch	итальянский
mit·bringen	принести с собой
der Salat, -e	салат
trinken	пить

Seite 50

also	итак
bewölkt	облачно
der Frühling	весна
gar nicht	совсем ничего
der Grad, -e	градус
gucken	смотреть

der **Herbst**	осень
kalt	холодно
die **Karte, -n**	карта
das Klassenplakat, -e	плакат для класса
minus	минус
oder so	или так
schlecht	плохой
Es schneit. → schneien	Идет снег.
der **Sommer**	лето
warm	тепло
windig	ветрено
der **Winter**	зима

Seite 51

dumm	глупо
entschuldigen	извинять
Entschuldigen Sie, ...	Извините, ...
die Grillparty, -s	вечеринка с грилем
leider	к сожалению
oje	о господи
planen	планировать
schauen	смотреть
die Schokolade, -n	шоколад
so so	так-так
vergessen, du vergisst, er vergisst	забывать, ты забываешь, он забывает
zu dumm	как глупо

da	тут, там, здесь
fahren, du fährst, er fährt	ехать, ты едешь, он едет
mit·nehmen, du nimmst mit, er nimmt mit	взять с собой, ты берешь с собой, он берет с собой
nach (lokal)	в (направление)
die Reise, -n	поездка, путешествие
sag mal	скажи-ка

afrikanisch	африканский
aus aller Welt	со всего света
bitte	пожалуйста
das Boxen (nur Singular)	бокс
der Brief, -e	письмо
der Brieffreund, -e	друг по переписке
die Chiffre, -n	шифр
dein	твой
Fahrrad fahren	ездить на велосипеде
das Fahrrad, ¨er	велосипед
folgende	следующий
Fußball spielen	играть в футбол
geben, du gibst, er gibt	давать, ты даешь, он дает
gesucht	здесь: требуются

grillen	жарить на гриле
das Hobby, -s	хобби
die Information, -en	информация
Ich bin ... Jahre alt.	Мне ... лет.
japanisch	японский
das Karate (nur Singular)	карате
das Lieblingsbuch, ̈-er	любимая книга
der Lieblingsfilm, -e	любимый фильм
die Lieblingsmusik (nur Singular)	любимая музыка
mir	мне
sammeln	собирать, коллекциони-ровать
schlafen, du schläfst, er schläft	спать, ты спишь, он спит
schwimmen	плавать
das Schwimmen (nur Singular)	плаванье
der Sport (nur Singular)	спорт
tanzen	танцевать
tanzen gehen	ходить на танцы
treffen, du triffst, er trifft	встречать, ты встре-чаешь, он встречает
die Welt, -en	мир

Seite 54

bis auf	до
erreichen	достигать

am Freitag	в пятницу
maximal	максимально
meist	в основном
minimal	минимально
nicht mehr so	уже не так
die Prognose, -n	прогноз
der Regen (nur Singular)	дождь
sinkend	здесь: падающий
der Sonnenschein (nur Singular)	солнечный свет
sonnig	солнечно
stark	сильный
steigen	подниматься
steigen bis auf	подниматься до
die Temperatur, -en	температура
überall	повсюду
der Wert, -e	показатель, величина
Westdeutschland	западная Германия
der Wind, -e	ветер
zwischen	между

Seite 55 _____

der Akkusativ, -e	винительный падеж
das Bedauern (nur Singular)	сожаление
die Himmelsrichtung, -en	сторона света
die Jahreszeit, -en	время года
der Nominativ, -e	именительный падеж

Lektion 7

Seite 56

das Diktat, -e	диктант
das Fieber (nur Singular)	высокая температура, лихорадка
krank	больной
wollen, ich will, du willst, er will	хотеть, я хочу, ты хочешь, он хочет

Seite 57

die Lehrerin, -nen	учительница
nach Hause	домой
ordnen	здесь: подобрать
Sie hat kein Diktat geschrieben.	Она не писала диктант.

Seite 58

der Arzt, ⸚e	врач
bringen	здесь: отвезти, отвести
der Kindergarten, ⸚	детский сад
der Lehrer, -	учитель
das Problem, -e	проблема
verbinden	связывать

Seite 59

bilden	здесь: составлять
das geht nicht	это нельзя, это не пойдет
lebend	живой
das Schwimmbad, ⸚er	бассейн
der Tanzkurs, -e	курс танцев

Seite 60

gestern	вчера
der Junge, -n	мальчик
lernen, er hat gelernt	учить, он выучил
das Mädchen, -	девочка
nichts	ничего
die Zeitung, -en	газета
der Zettel, -	записка

Seite 61

danach	после
schade	жаль
das Wochenende, -n	выходные
zusammen	вместе

Seite 62

der Abschnitt, -e	здесь: корешок, купон
das Besondere (nur Singular)	особенное

Gute Besserung!	Поправляйтесь!
die Besserung (nur Singular)	выздоровление
der Bus, -se	автобус
der Deutschkurs, -e	курс немецкого языка
der Deutschunterricht (nur Singular)	занятия по немецкому
diesmal	на этот раз
die Exkursion, -en	экскурсия
freundlich	дружеский
der Gruß, ⸚e	привет
hoffentlich	надеюсь, что ...
die Klasse, -n	класс
der Klassenlehrer, -	классный руководитель
die Kommunikation (nur Singular)	коммуникация, связь
Liebe Eltern, ...	Дорогие родители, ...
mit freundlichen Grüßen	с дружеским приветом
mit·kommen	пойти, поехать с ...
der See, -n	озеро
das Sekretariat, -e	секретариат
die Sprachschule, -n	школа иностранных языков
teil·nehmen, du nimmst teil, er nimmt teil	принимать участие, ты принимаешь участие, он принимает участие
der Unterricht, -e	занятие

die Fähigkeit, -en	способность
das Modalverb, -en	модальный глагол
das Perfekt (nur Singular)	перфект
der Vorschlag, ⸚e	предложение
der Wunsch, ⸚e	желание

Arbeitsbuch

Lektion 1

Seite 66

die Phonetik (nur Singular)	фонетика

Seite 67

die Betonung, -en	ударение
die Satzmelodie, -n	интонация предложения

Seite 68

das Satzzeichen, -	знак препинания

Seite 69

(das) Polnisch (nur Singular)	польский (язык)

Seite 70

die Form, -en	форма
unterstreichen	подчеркивать

Seite 71

(das) Europa (nur Singular)	Европа
korrigieren	исправлять

Seite 72

der Dialog, -e	диалог
das Lerntagebuch, ¨er	учебный дневник
notieren	записывать

Seite 73

der Briefumschlag, ¨e	почтовый конверт

Lektion 2

Seite 75

Freut mich.	Это меня радует.

Seite 76

ein·tragen	вносить
klatschen	хлопать в ладоши
der Rhythmus, die Rhythmen	ритм
die Übung, -en	упражнение

der Pfeil, -e	стрелка
der Text, -e	текст

alle	все

die Frage, -n	вопрос
die Freundin, -nen	подруга

der Atlas, -se/die Atlanten	атлас
der Fluss, ¨e	река
Grüezi!	Привет (в Швейцарии)!
Grüß Gott!	Привет (в Баварии)!
Moin, Moin!	Привет (в Гамбурге)!
das Projekt, -e	проект
Salü!	Привет/пока (в Швейцарии)!
Servus!	Привет/пока (в Австрии)!

Lektion 3

Seite 87

kurz	коротко
lang	долго

Seite 89

das Plakat, -e	плакат
(das) Süddeutschland (nur Singular)	южная Германия
die Tabelle, -n	таблица

Seite 91

das Produkt, -e	продукт
Spaghetti (nur Plural)	спагетти
die Wurst, ̈e	колбаса

Lektion 4

Seite 94

der Apfelkuchen, -	яблочный пирог
pro	здесь: за
der Schokoladenkuchen, -	шоколадный торт
das Telefon, -e	телефон

das Buch, ¨er	книга
stopp	стоп

fehlen	не хватать, отсутствовать
der Küchenschrank, ¨e	кухонный шкаф
die Landkarte, -n	географическая карта
die Maschine, -n	машина, аппарат
das Regal, -e	полка
waschen	мыть, стирать
die Weinflasche, -n	винная бутылка

die Gruppe, -n	группа
das Lied, -er	песня
nehmen, du nimmst, er nimmt	брать, ты берешь, он берет
die Wortliste, -n	список слов

ab sofort	здесь: срочно
bedeuten	означать
die Heizung, -en	отопление
die Immobilie, -n	недвижимость
die Kaltmiete, -n	«холодная» квартплата

sofort	немедленно
vermieten	сдавать
die Warmmiete, -n	«теплая» квартплата
die Wohnungsanzeige, -n	объявление о жилпло- щади

Seite 100

bequem	удобный
die Breite, -n	ширина
der Esstisch, -e	обеденный стол
der Fernsehtisch, -e	столик для телевизора
die Höhe, -n	высота
die Idee, -n	идея
das Kinderbett, -en	детская кровать
der Kleiderschrank, ¨e	платяной шкаф
komplett	полный, комплектный
das Leder, -	кожа
links	слева
die Matratze, -n	матрац
das Metall, -e	металл
o.k.	хорошо, пойдет
rund	круглый
der Sessel, -	кресло
tief	глубокий
die Tiefe, -	глубина
die Verhandlungsbasis, - basen	основа для переговоров
der Wohnzimmerschrank, ¨e	шкаф для гостиной

Lektion 5

Seite 102

erst	еще, только
schnell	быстро

Seite 103

denken	думать

Seite 105

gar keine	совсем никакой
der Sonnabend, -e	суббота

Seite 107

der Großmarkt, ⸚e	оптовый рынок
die Kasse, -n	касса
der Obstkuchen, -	фруктовый пирог

Seite 108

der Actionfilm, -e	боевик (фильм)
das Fernsehprogramm, -e	телепрограмма
der Film, -e	фильм
die Geburtstagsparty, -s	вечеринка по поводу дня рождения
der Kriminalfilm, -e	детектив (фильм)

der Millionär, -e	миллионер
die Prüfung, -en	экзамен
die Quizshow, -s	телевикторина
das Sportstudio (nur Singular)	спортивная студия
die Tagesschau (nur Singular)	новости дня
werden, du wirst, er wird	становиться, ты станешь, он станет

Lektion 6

Seite 110

liebe Grüße	сердечный привет
der Gruß, ¨e	привет
plus	плюс
unter	здесь: ниже
der Urlaub, -e	отпуск

Seite 112

das Internet (nur Singular)	Интернет
das Menu, -s	меню
die SMS, -	СМС-сообщение

Seite 113

der Einkaufswagen, -	тележка для покупок в супермаркете

weiter дальше
der Zucker (nur Singular) сахар

Seite 114

erklären объяснять
der Nudelsalat, -e салат из лапши
die Tafel, -n доска
wiederholen повторять
zusammengesetzt сложный, составной

Seite 115

allein один; *Dann essen wir den Kuchen eben allein.* – Ну, тогда мы будем есть пирог одни.
das Auto, -s машина, автомобиль
eben здесь: уж
das Käsebrot, -e бутерброт с сыром
der Orangensaft, ¨e апельсиновый сок
die Schokomilch (nur Singular) шоколадное молоко
das Wurstbrot, -e бутерброт с колбасой

Seite 116

einige несколько
ein paar пара, несколько
endlich наконец
dich тебя

einladen, du lädst ein, er lädt ein	приглашать, ты приглашаешь, он приглашает
hoffen	надеяться
der Hund, -e	собака
nämlich	а именно
sicher	наверняка
sitzen	сидеть
zuerst	сначала

Seite 118

immer	всегда
der Samstagvormittag, -e	в субботу до обеда
viel	много
Volleyball spielen	играть в волейбол

Seite 119

die Einladung, -en	приглашение
feiern	праздновать
Ich freue mich.	Я рад(а).
später	позже

Lektion 7

Seite 120

gar nichts	совсем ничего
die Gitarre, -n	гитара
Ich hab solchen Hunger!	Я так хочу есть!

das Instrument, -e	инструмент
der Moment, -e	момент
Musik machen	заниматься музыкой
solch	такой

Seite 121

| **langsam** | медленно |
| (das) Spanisch (nur Sin-gular) | испанский (язык) |

Seite 122

kaputt	сломан
die Klassenparty, -s	вечеринка класса
noch nicht	еще нет
das Rad, ¨er	велосипед
das Stück, -e	кусок
Was ist los?	В чем дело?

Seite 123

fertig	готовый
der Französischkurs, -e	курс французского языка
das Geld (nur Singular)	деньги
der Italienischkurs, -e	курс итальянского языка
mit·machen	принимать участие
die Tasse, -n	чашка
wieder	опять

lange	долго
die Mail, -s	электронная почта,
	электронное письмо

bald	скоро

der Club	клуб
herzlich	сердечный
der Kursleiter, -	руководитель курса
die Kursleiterin, -nen	руководительница курса
der Schultag, -e	школьный день
die Schultüte, -n	школьный кулек
selbst	сам
der Termin, -e	здесь: очередь (к врачу)

Schritte 2
Kursbuch

die Arbeit, -en	работа
das Beispiel, -e	пример
finden, er hat gefunden	находить, он нашел
ihm → er	ему → он (дательный падеж)
kennen lernen	познакомиться
leicht	легкий
die Leute (nur Plural)	люди
lustig	смешной, веселый
manchmal	иногда
nett	милый
oft	часто
die Sache, -n	вещь
seit	с (какого времени)
Stellen Sie sich vor.	Представьте себе.
sich vorstellen	представлять себе
unser	наш
zum Beispiel	например

Lektion 8

der Beruf, -e	профессия
die Chefin, -nen	начальница

die Deutschlehrerin, -nen	учительница немецкого
der Deutschtest, -s	тест по немецкому
der Dreher, -	токарь
die Maschine, -n	станок
der Mechaniker, -	механик
der Meister, -	мастер
sich melden bei	здесь: связаться с ..., представиться (кому)
der Metallfacharbeiter, -	рабочий по металлу
der Schweißer, -	сварщик
der Stift, -e	карандаш
der Stiftehalter, -	подставка для карандашей
vereinbaren	договориться
verschieden	по-разному
das Vorstellungsgespräch, -e	интервью при поступлении на работу
das Werk, -e	завод
die Werkstatt, ¨en	мастерская

Seite 9

arbeitslos	безработный
die Idee, -n	идея
interessant	интересный
ist ... von Beruf	... по профессии
langweilig	скучный
sein	быть

als	как, в качестве
der Bauarbeiter, -	строительный рабочий
die Bauarbeiterin, -nen	строительная рабочая
der Busfahrer, -	водитель автобуса
die Busfahrerin, -nen	женщина-водитель автобуса
die Hausfrau, -en	домохозяйка
der Hausmann, ̈er	мужчина, ведущий домашнее хозяйство
der Kaufmann, ̈er	коммерсант
die Kauffrau, -en	женщина-коммерсант
die Krankenschwester, -n	медсестра
der Krankenpfleger, -	санитар
der Polizist, -en	полицейский
die Polizistin, -nen	женщина-полицейский
der Programmierer, -	программист
die Programmiererin, -nen	программистка
raten	угадывать
der Student, -en	студент
die Studentin, -nen	студентка

der Computerspezialist, -en	специалист по компьютерам
das Diplom, -e	диплом
Fragen stellen	задавать вопросы
heiraten	жениться, выходить замуж

die Informatik (nur Singular)	информатика
Kinder bekommen	заводить детей
das Kursalbum, -alben	альбом курса
lang, lange	долго
die Notiz, -en	записка
studieren	изучать
wie lang, wie lange	как долго

Seite 12 _____

der Arbeiter, -	рабочий
baden	купаться
der Berg, -e	гора
das Dorf, ⸚er	деревня
die Feier, -n	праздник
glücklich	счастливый
haben, er hatte	иметь, у него был
die Heimat (nur Singular)	родина
die Hochzeit, -en	свадьба
das Land (nur Singular)	страна
die Lebensgeschichte, -n	история жизни
die Leidenschaft, -en	здесь: увлечение
letzt-	последний
das Meer, -e	море
die Metallfirma, -firmen	фирма по металлу
der Partyservice, -s	служба вечеринок
sein, er war	быть, он был
die Stelle, -n	место

der Stress (nur Singular)	стресс
toll	здóрово
der Urlaub, -e	отпуск

Seite 13 _____

ab ... Uhr	с ... часов
ambulant	амбулантно
die Arbeitszeit, -en	рабочее время
das Autofahren (nur Singular)	езда на автомобиле
besuchen	навещать, посещать
deshalb	поэтому
dringend	срочно
Engl.-Kenntn.= Englisch-Kenntnisse	знания английского
die Fahrschule, -n	автошкола
erforderlich	необходимо
die Festanstellung, -en	постоянное место
der Fleischverkäufer, -	продавец мясного магазина
die Fleischverkäuferin, -nen	продавщица мясного магазина
frei haben	иметь выходной
Fr. = Freitag	пятница
früher	раньше
der Führerschein, -e	водительские права
die Gebäudereinigung, -en	уборка зданий

das Geschäft, -e	дело, фирма, магазин
die GmbH = die Gesellschaft mit beschränkter Haftung, Gesellschaften	общество с ограниченной ответственностью
der Job, -s	работа
der Kellner, -	кельнер
das Krankenhaus, ¨er	больница
die Massagepraxis, -praxen	массажная практика
Mo. = Montag	понедельник
das Personalmanagement (nur Singular)	управление кадрами
der Pflegedienst, -e	служба по уходу за больными
der Pfleger, -	санитар
die Putzhilfe, -n	уборщица
das Restaurant, -s	ресторан
die Sekretärin, -nen	женщина-секретарь
selbstständig	самостоятельный
die Stellenanzeige, -n	объявление о найме на работу
der Taxifahrer, -	водитель такси
die Taxifahrerin, -nen	женщина-водитель такси
telefonisch	по телефону
übl. = üblich	обычно
die Universität, -en	университет
unter	под
Unterlagen (nur Plural)	документы
verdienen	заслуживать

| **wenig** | мало |
| zuverl. = zuverlässig | надежный |

Seite 14 _____

die Autowerkstatt, ¨en	автомастерская
bis morgen	до завтра
das Büro, -s	бюро
der Hausmeister, -	привратник, домоправитель
die Hausverwaltung, -en	домоуправление
Ihr, Ihre, Ihren	Ваш
das Mal, -e	раз
die Minute, -n	минута
morgen	завтра
pro	в (час)
tlw. = teilweise	частично
die Wohnanlage, -n	жилой комплекс
der Verdienst (nur Singular)	заслуга

Seite 15 _____

der Dativ, -e	дательный падеж
die Nachsilbe, -n	суффикс
lokale Präposition	местный предлог
modale Präposition	модальный предлог
die Präposition, -en	предлог

| das Präteritum (nur Singular) | прошедшее время |
| temporale Präposition | временной предлог |

Lektion 9

Seite 16

das Amt, ⁻er	ведомство
an·melden	регистрировать
die Behörde, -n	учреждение
das Papier, -e	бумага
die Post (nur Singular)	почта

Seite 17

ein·ziehen, er ist eingezogen	въезжать в квартиру, он въехал
das Einzugsdatum (nur Singular)	дата въезда в квартиру
das Geschlecht, -er	пол (мужской, женский)
innerhalb	в пределах
männlich	мужской
um·ziehen	переезжать
vorher	раньше
weiblich	женский

ab·geben, er hat abge-geben	сдавать, он сдал
der Beamte, -n	чиновник
diese, dieser, dieses	этот
draußen	снаружи
generell	обобщенно
leise	тихий
das Meldeformular, -e	формуляр для прописки
müssen, ich muss, du musst, er muss	быть должным, я должен/должна, ты должен/должна, он должен
der Schluss, ¨e	конец
speziell	здесь: конкретно
unterschreiben, er hat unterschrieben	подписывать, он под-писал
warten	ждать
ziehen	тянуть
zum Schluss	в конце

das Fenster, -	окно
der Gameboy, -s	геймбой
das Glas, ¨er	стакан
langsam	медленный
laut	громкий, шумный
das Mistwetter (nur Singular)	«собачья» погода

nach·sehen, du siehst nach, er sieht nach, er hat nachgesehen	посмотреть, ты смотришь, он смотрит, он посмотрел
och	ох
der Pass, ⸚e	паспорт
putzen	мыть, чистить
der Ratschlag, ⸚e	совет
weiter·gehen, er ist weitergegangen	идти дальше, он пошел дальше
zu·machen	закрывать

Seite 20

der Alkohol (nur Singular)	алкоголь
der Angehörige, -n, ein Angehöriger	родственник
der Antrag, ⸚e	заявление
aus·machen	выключать
dürfen, ich darf, du darfst, er darf, er hat gedurft	мочь (по разрешению), мне можно, тебе можно, ему можно, ему было можно
erlaubt	разрешается
der Erwachsene, -n, ein Erwachsener	взрослый
fotografieren	фотографировать
He!	Эй!
das Hotel, -s	гостиница, отель

das Museum, die Museen	музей
parken	ставить машину
rauchen	курить
telefonieren	звонить по телефону
uns	нас
die Unterschrift, -en	подпись
verboten	запрещается
die Zigarette, -n	сигарета

Seite 21

der April	апрель
der August	август
berufstätig	работающий
bisherig	прежний
das Datum (nur Singular)	дата
der Deutsche, -n, ein Deutscher	немец
der Dezember	декабрь
der Februar	февраль
das Geburtsdatum (nur Singular)	дата рождения
das Geburtsland, ¨er	страна, где вы родились
der Geburtsname, -n	имя, полученное при рождении
griechisch	греческий
die Hauptwohnung, -en	главная квартира
der Januar	январь
der Juli	июль

der Juni	июнь
der Mai	май
der März	март
die Nebenwohnung, -en	дополнительная квартира
der November	ноябрь
der Oktober	октябрь
der September	сентябрь
die Staatsangehörigkeit, -en	государственная принадлежность
unten	внизу
z.B. = zum Beispiel	например

Seite 22

der Arbeitsplatz, ¨e	рабочее место
die Auskunft, ¨e	справка, информация
der Ausländer, -	иностранец
das Ausländeramt, ¨er	ведомство по делам иностранцев
das Dokument, -e	документ
die Ehefrau, -en	жена
ein·tragen, du trägst ein, er trägt ein, er hat eingetragen	вносить, ты вносишь, он вносит, он внёс
die Erklärung, -en	объяснение
die Forelle, -n	форель
der Gast, ¨e	гость
die Hilfe, -n	помощь
die Kellnerin, -nen	официантка

66

das Leben (nur Singular)	жизнь
die Nationalität, -en	национальность
Nicht wahr?	не так ли?
der Schüler, -	ученик
die Schülerin, -nen	ученица
der Sekretär, -e	секретарь
die Situation, -en	ситуация
die Speisekarte, -n	меню
wählen	выбирать
wahr	правильно, правда

Seite 23 _____

der Imperativ, -e	императив, повелительное наклонение
das Pronomen, -	местоимение

Lektion 10

Seite 24 _____

das Bein, -e	нога
die Gesundheit (nur Singular)	здоровье
der Knochen, -	кость
die Krankheit, -en	болезнь
lachen	смеяться
der Verband, ⸚e	повязка

| die **Versichertenkarte**, **-n** | карточка медицинской страховки |
| weh·tun, es hat weh getan | болеть, было больно |

Seite 25

der Arbeitgeber, -	работодатель
die Arzthelferin, -nen	помощница врача
bekommen, er hat bekommen	получать, он получил
brechen, du brichst, er bricht, er brach, er hat gebrochen	рвать, тебя рвет, его рвет, его рвало, его вырвало
die Krankenversicherung, -en	медицинская страховка
die Krankmeldung, -en	справка о болезни
passieren	случаться
die Salbe, -n	мазь
stehen, er hat gestanden	стоять, он стоял
der Unfall, ¨e	несчастный случай

Seite 26

der Arm, -e	рука
das Auge, -n	глаз
aus·sehen, er hat ausgesehen	выглядеть, он выглядел
der Bauch, ¨e	живот
dick	толстый

fast	почти
der Finger, -	палец
der Fuß, ⸚e	нога, стопа
ganz schön	здесь: сильно
gegen	против
das Haar, -e	волосы
der Hals, ⸚e	горло, шея
die Hand, ⸚e	рука, кисть руки
hin·fallen, du fällst hin, er fällt hin, er ist hingefallen	падать, ты падаешь, он падает, он упал
der Kopf, ⸚e	голова
der Mensch, -en	человек
der Mund, ⸚er	рот
die Nase, -n	нос
oh je	о господи
das Ohr, -en	ухо
der Rücken, -	спина
schlimm	плохо
der Schmerz, -en	боль
die Treppe, -n	лестница

Seite 27

die Augenfarbe, -n	цвет глаз
einfach	просто
euer, eure	ваш
Gott sei Dank nicht!	Слава Богу нет!
die Größe, -n	здесь: рост
der Koch, ⸚e	повар

mischen	перемешивать
die Ohrenschmerzen (nur Plural)	боль в ушах
das Ratespiel, -e	игра «угадай»
schmutzig	грязный
der Schneider, -	закройщик, портной

Seite 28 _____

der Anrufer, -	звонящий по телефону
die Apotheke, -n	аптека
bleiben, er ist geblieben	оставаться, он остался
das Gesundheitsproblem, -e	проблема со здоровьем
das Gesundheitstelefon, -e	телефон здоровья
der Gesundheits-Tipp	совет для здоровья
die Halsschmerzen (nur Plural)	боль в горле
die Halstablette, -n	таблетка для горла
die Medizin (nur Singular)	лекарство
die Pause, -n	пауза, перерыв
der Rat, die Ratschläge	совет
das Rezept, -e	рецепт
die Rückenschmerzen (nur Plural)	боли в спине
ruhig	спокойный
Sie sollen	Вы должны, Вам следует
die Tablette, -n	табетка
tun, er hat getan	делать, он сделал

der Absender, -	отправитель
anbei	в приложении
die Anrede, -n	обращение
das Arbeitsblatt, ¨er	рабочий листок
die Arbeitsunfähigkeits-bescheinigung, -en	справка о нетрудоспособности
auf·schreiben, er hat auf-geschrieben	прописать, он прописал
der Betreff (nur Singular)	относительно
der Empfänger, -	получатель
geehrt-	уважаемый
nächst-	следующий
schicken	посылать
Sehr geehrte Frau ..., sehr geehrter Herr ...	Уважаемая госпожа ..., уважаемый господин ...

der Arzttermin, -e	очередь к врачу
der Frisör, -e	парикмахер
der Frisörtermin, -e	очередь к парикмахеру
Innere Medizin	терапевтика
mal sehen	посмотрим
melden	сообщить
sich krank melden	сообщить о своей болезни
die Sprechzeit, -en	часы приема
die Terminvereinbarung, -en	согласование сроков

übermorgen	послезавтра
vorbei·kommen, er kam vorbei, er ist vorbeige-kommen	зайти, он заходил, он зашел

die Handlungsanweisung, -en	руководство к действию
der Körperteil, -e	часть тела
vereinbaren	договариваться

Lektion 11

die Blume, -n	цветок
In der Stadt unterwegs.	В пути по городу.
die Straßenbahn, -en	трамвай
das Taxi, -s	такси
die U-Bahn, -en	метро
wen	кого
der Zug, ⁀e	поезд

hinfallen	упасть
gerade	как раз
das Glück (nur Singular)	счастье

das Telefonbuch, ¨er   телефонная книга

verletzen   повредить, ранить

zum Glück   к счастью

zurück·kommen, er ist zurückgekommen   возвращаться, он вернулся

Seite 34

dahin   туда

erste   первая

fliegen, er ist geflogen   летать, он летал

das Flugzeug, -e   самолёт

fremd   чужой

geradeaus   прямо

nach links   налево

die Nähe (nur Singular)   близость

rechts   справа

der Stadtplan, ¨e   план города

die U-Bahn-Station, -en   станция метро

das Verkehrsmittel, -   средство транспорта

der Weg, -e   дорога

weit   далеко

wie weit   как далеко

Seite 35

die Ampel, -n   светофор

die Bank, -en   банк

der Baum, ¨e   дерево

die Bushaltestelle, -n	остановка автобуса
ebenso	также
hinter	пазади
der LKW, -s (= der Lastkraftwagen, -)	грузовик
neben	около
der Parkplatz, ¨e	стоянка для машин

Seite 36

die Anweisung, -en	указание
das Klassenzimmer, -	классная комната
das Medikament, -e	лекарство
die Oma, -s	бабушка
die Schatzsuche (nur Singular)	поиски клада
das Schreibwaren-geschäft, -e	писчебумажный магазин
verstecken	прятать
wohin	куда

Seite 37

die Abfahrt (nur Singular)	отправление
ab·fliegen, er ist abge-flogen	вылететь, он вылетел
der Abflug, ¨e	вылет
ab·holen	встречать
Achtung!	Внимание!

an·kommen, er ist an- gekommen	прибывать, он прибыл
die Ankunft (nur Singular)	прибытие
der Ausgang, ⁝e	выход
aus·steigen, er ist aus- gestiegen	выходить (из транспор- та), он вышел
die Durchsage, -n	объявление
ein·steigen, er ist ein- gestiegen	садиться (в транспорт), он сел
die Fahrkarte, -n	билет
der Fahrplan, ⁝e	расписание
der Flughafen, ⁝	аэропорт
die Flugnummer, -n	номер рейса
der Flugzeugtyp, -en	тип самолета
das Gepäck (nur Singular)	багаж
ihn	его
der Jugendliche, -n, ein Jugendlicher	подросток
der Plan, ⁝e	план
pünktlich	пунктуально
das Reisebüro, -s	бюро путешествий
der Schalter, -	окошко
das Ticket, -s	билет
um·steigen, er ist umge- stiegen	пересаживаться, он пересел
die Verspätung, -en	опоздание
wie oft	как часто
der Wochentag, -e	день недели

ab·fahren, du fährst ab, er fährt ab, er ist abgefahren	отъезжать, ты отъезжаешь, он отъезжает, он отъехал
der Anschluss, ⁻e	удобная пересадка
der Bahnsteig, -e	платформа
da hinten	сзади
direkt	прямой
drüben	там
der Eingang, ⁻e	вход
der Fahrkartenautomat, -en	автомат по продаже билетов
das Gleis, -e	путь
hin und zurück	туда и обратно
der Imbiss, -e	закусочная
der Kiosk, -e	киоск
der RE = Regionalexpress	поезд местного сообщения
vorne	впереди
zurück	назад

die Orientierung (nur Singular)	ориентация

Lektion 12

Seite 40 _____

funktionieren работать
die Gebrauchsanweisung, руководство по упо-
  -en треблению
der Kundenservice (nur служба для клиентов
  Singular)
reparieren, er hat re- ремонтировать, он отре-
  pariert монтировал
der Service (nur Singular) обслуживание
die Steckdose, -n электророзетка
der Stecker, - штекер

Seite 41 _____

an sein, er war an, er быть включенным, он
  ist an gewesen был включен, он был
  включен

das Licht, -er свет
stecken втыкать

Seie 42 _____

heute Abend сегодня вечером
das Training (nur Sin- тренировка
  gular)

ab wann	с какого времени
das Abendessen, -	ужин
bis später	пока
bis wann	до какого времени
der Drucker, -	принтер
die Garantie, -n	гарантия
das Gerät, -e	прибор
das Modell, -e	модель
morgen Mittag	завтра утром
Oh je!	О господи!
das Radio, -s	радио
die Reparatur, -en	ремонт
an·rufen, er rief an, er hat angerufen	звонить по телефону, он звонил, он позвонил
der Techniker, -	техник
die Viertelstunde, -n	четверть часа
was für ein	что за ...

an·machen	включать
auf·machen	открывать
die Bitte, -e	просьба
die Briefmarke, -n	почтовая марка
das Faxgerät, -e	факс
das Feuer, -	огонь
leihen, er lieh, er hat geliehen	одолжить, он одалживал, он одолжил

der Ober, -	официант
die Tür, -en	дверь
unfreundlich	недружелюбный

benutzen	пользоваться
die Chip-Karte, -n	электронная карточка
ein·setzen	вставлять
die Geheimnummer, -n	секретный номер
gratulieren, er hat gratuliert	поздравлять, он поздравил
das Heft, -e	брошюра
informieren, er hat informiert	информировать, он информировал
ins	в
das Ladegerät, -e	прибор для подзарядки
legen	класть
mobil	мобильный
das Paket, -e	пакет
die Rechnung, -en	счет
die Service-Leistung, -en	услуги сектора обслуживания
der Service-Mitarbeiter, -	сотрудники сектора обслуживания
das Service-Team, -s	группа обслуживания
die Sicherheit, -en	надежность
das Startpaket, -e	стартовый пакет
das Team, -s	группа

tragen, du trägst, er trägt, er hat getragen	носить, ты носишь, он носит, он носил
wenn	если
werktags	в рабочие дни

der Anrufbeantworter, -	автоответчик
aus·wählen	выбирать
die Autovermietung, -en	прокат машин
das Band, ¨er	том
bestellen, er hat bestellt	заказывать, он заказал
Elektro-	электро-
die Nachricht, -en	известие
passend	подходящий
die Privatperson, -en	частное лицо
der Reparaturdienst, -e	ремонтная служба
die Telefonansage, -n	объявление по телефону
unter der Nummer	по номеру
verbunden	связан
das Versandhaus, ¨er	посылторг
zurück·rufen, er hat zurückgerufen	перезвонить, он перезвонил

Aufforderung, -en	требование
die Beschwerde, -n	жалоба
höflich	вежливый

| der Konjunktiv | сослагательное наклоне-ние |
| der Kundendienst, -e | служба для клиентов |

Lektion 13

Seite 48

Gürtel, -	ремень
das Hemd, -en	рубашка
die Hose, -n	брюки
die Jacke, -n	куртка
Kleider (nur Plural)	одежда
der Pullover, -	пуловер
der Schuh, -e	туфель, ботинок
das T-Shirt, -s	футболка
zufrieden	довольный

Seite 49

holen	забирать
das Kleidergeschäft, -e	магазин одежды
die Kleidung (nur Sin-gular)	одежда

Seite 50

| die Bluse, -n | блузка |
| **günstig** | недорогой |

klasse	классный
der Mantel, ⸚	пальто
der Rock, ⸚e	юбка

Seite 51

die Brille, -n	очки
euch	вам
gehören	принадлежать
der Kugelschreiber, -	шариковая ручка
die Mutti, -s	мама
wem	кому

Seite 52

beide	оба
am besten	лучший
dabei	при этом
das Fahrrad-Rückwärts-Fahren	езда задом на велосипеде
das Fahrrad-Rückwärts-Geigen	игра на скрипке при езде задом на велосипеде
die Geige, -n	скрипка
der Glückwunsch, ⸚e	поздравление
Herzlichen Glückwunsch!	Сердечно поздравляю!
kann am besten	может лучше всего
am liebsten (etwas am liebsten machen)	охотнее всего (делать что-то охотнее всего)

am meisten (etwas am meisten machen)	здесь: чаще всего (делать что-то чаще всего)
der Musiker, -	музыкант
nach·machen	подражать
na dann	ну, тогда
nie	никогда
der Rekord, -e	рекорд
rückwärts	задом
schwer	трудно
trainieren	тренировать
der Weltrekord, -e	мировой рекорд

Seite 53

an·ziehen, er hat angezogen	надевать, он надел
das Fundbüro, -s	бюро находок
der Koffer, -	чемодан
mögen, er hat gemocht	нравиться, ему нравилось
der Schlüssel, -	ключ
die Tasche, -n	сумка
weg	прочь

Seite 54

an·probieren, er hat anprobiert	мерить, он померил
die Baby-Wäsche (nur Singular)	детское белье

das Camping (nur Singular)	кемпинг
die Damenkleidung (nur Singular)	женская одежда
die Designer-Mode, -n	модельная одежда
die Drogerie, -n	аптекарский магазин
das Erdgeschoss, -e	первый этаж
die Herrenkleidung (nur Singular)	мужская одежда
die Jeans (nur Singular)	джинсы
die Jeans-Wear (nur Singular)	джинсовые вещи
das Kaufhaus, ¨-er	универмаг
die Kinderkleidung (nur Singular)	детская одежда
die Kosmetik, -a	косметика
die Kundentoilette, -n	туалет для посетителей
die Mode-Boutique, -n	бутик модной одежды
das Obergeschoss, -e	верхний этаж
Schreibwaren (nur Plural)	писчебумажные товары
in Schwarz	черного цвета
stehen, er hat gestanden	здесь: идти, он шел
Beispiel: Der Pullover steht dir.	пример: Этот пуловер тебе идет.
das Untergeschoss, -e	подвальный этаж
das Video, -s	видеофильм

das Demonstrativprono-men, -	указательное местоиме-ние
der Frageartikel, -	вопросительное место-имение
die Komparation, -en	сравнение
die Verbkonjugation, -en	спряжение глагола

Lektion 14

Seite 56

das Bleigießen (nur Singular)	гадание на растоплен-ном свинце
das Fest, -e	праздник
der Karneval (nur Singular)	карнавал
das Neujahr (nur Singular)	Новый год
Prost Neujahr!	За Новый год!
das Silvester (nur Sin-gular)	праздник Нового года, 1-е января
das Weihnachten (nur Singular)	Рождество

Seite 57

das Blei (nur Singular)	свинец
echt	настоящий
der Ehering, -e	обручальное кольцо

die Eins, -en	единица
gießen, er hat gegossen	лить, он лил
die Note, -n	оценка
die Silvesterparty, -s	новогодняя вечеринка

Seite 58

beginnen, er hat be- gonnen	начинать, он начал
die Gartenparty, -s	вечеринка в саду
die Geburtstagsliste, -n	список дней рождения
der Kalender, -	календарь
der Nikolaustag, -e	день Святого Николая
stellen	ставить

Seite 59

in Blau	синего цвета
eilig	спешный
lieben	любить
mich	меня
der Mist (nur Singular)	навоз, *Mist!* Черт побери!

Seite 60

ach so	ах, вот как
Das klappt nicht.	Это не получится.
denn (kausale Konjunk- tion)	так как

das Fernsehen (nur Singular)	телевизор
fit	в хорошей форме
sich freuen	радовать
sich kümmern um	заботиться
laufen, er ist gelaufen	бегать, он бегал
die Meinung, -en	мнение
ohne	без
reisen	путешествовать
der Spaß, ¨e	удовольствие
unwichtig	неважный
Viel Spaß!	Желаю приятно провести время!
zurzeit	в настоящее время

Seite 61

anschließend	затем, сразу после
des	определенный артикль в родительном падеже
ein·laden, er hat eingeladen	приглашать, он пригласил
Herzliche Grüße	Сердечный привет
das Gasthaus, ¨er	гостиница
das Grillfest, -e	вечеринка с грилем
der Grund, ¨e	причина
das Mitglied, -er	член
nennen, er hat genannt	называть, он называл
sorgen für	заботиться

der Sportpark, -s	парк спорта
der Sportverein, -e	спортивный клуб
statt·finden, er hat statt- gefunden	состояться, он состоялся
vorbei	прошел
der Vorstand, ¨e	правление

Seite 62

Alles Gute!	Всего хорошего!
dreimal	трижды
der Festtag, -e	праздничный день
froh	веселый
Frohe Ostern!	Поздравляю с Пасхой!
Frohes Fest!	С праздником!
das Osterei, -er	пасхальное яйцо
der Osterhase, -n	пасхальный заяц
das Ostern (nur Singular)	Пасха
das Lebensjahr, -e	год жизни
mit·singen, er hat mitge- sungen	петь вместе с другими, он пел вместе с другими
die Nachbarin, -nen	соседка
die Rakete, -n	ракета
der Sekt (nur Singular)	шампанское
sich verabschieden, er hat sich verabschiedet	прощаться, он попро- щался
der Weihnachtsbaum, ¨e	рождественская елка
der Weihnachtsmann, ¨er	Дед Мороз
wünschen	желать

die Absage, -n	отказ
die Konjunktion, -en	союз
die Ordinalzahl, -en	количественное числительное
die Zusage, -n	согласие

Arbeitsbuch

Lektion 8

Seite 66 _____

| achten | следить за |

Seite 67 _____

| das Herkunftsland, ¨er | страна происхождения |

Seite 68 _____

| mexikanisch | мексиканский |

Seite 70 _____

der Besuch, -e	гости
die Katze, -n	кошка
die Ostsee (nur Singular)	Балтийское море
das Schulfest, -e	школьный праздник

Seite 71 _____

der Computerkurs, -e	компьютерные курсы
der Sprachkurs, -e	языковые курсы
das Theater, -	театр

Seite 72

Fa. = die Firma, Firmen	фирма
die Ferien (nur Plural)	каникулы
flexibel	гибкий
der Gärtner, -	садовник
die Gärtnerin, -nen	садовница
die Haushaltshilfe, -n	домработница
die Immobilienverwaltung, -en	управление недвижимостью
die Pflanze, -n	растение
die Reinigungskraft, ̈e	техничка
die 400-Euro-Basis (nur Singular)	с зарплатой в 400 евро
Vorm. = der Vormittag, -e	первая половина дня
wöchentlich	в неделю

Lektion 9

Seite 76

streichen, er hat gestrichen	здесь: зачеркивать, он зачеркнул

Seite 77

das Comic-Heft, -e	комикс
nee = nein	нет

Seite 78

Na klar!	Ну, конечно!

Seite 79

definitiv	определенно
mit·fahren, du fährst mit, er fährt mit, er ist mitgefahren	ехать вместе с кем-то, ты едешь, он едет, он ехал вместе с кем-то

Seite 80

bisher	до сих пор
der Geburtstagskalender, -	календарь, где записывают дни рождения
tunesisch	тунисский

Seite 81

schwierig	трудный
die Zeichnung, -en	рисунок

Lektion 10

Seite 82

die Aufgabe, -n	задание
ein·ordnen	подобрать
der Zahn, ¨e	зуб

Seite 84

die Kanadierin, -nen	канадка
die USA (Plural)	США

Seite 85

der Platz, ⸚e	место

Seite 86

der Ausweis, -e	удостоверение
bewegen, er hat bewegt	двигать, он двигал

Seite 88

finden	найти
her·hören	слушать
das Lieblingsessen (nur Singular)	любимая еда
der Multivitaminsaft, ⸚e	мультивитаминный сок
Wie findest du das?	Как тебе это нравится?

Seite 89

der Augenarzt, ⸚e	глазной врач
der Praktische Arzt	практический врач
der Terminplan, ⸚e	план очередей
der Zahnarzt, ⸚e	зубной врач

Lektion 11

Seite 91 _____

die Station, -en   станция

Seite 92 _____

die Autobahn, -en	автомагистраль
die Brücke, -n	мост
das Kreuzworträtsel, -	кроссворд
stehen an, er hat an ... gestanden	стять на..., он стоял на (напр.1 остановке)

Seite 94 _____

die Disko, s   дискотека

Seite 95 _____

das Aspirin (nur Singular)	аспирин
die Lust (nur Singular)	желание
Ich habe keine Lust.	мне не хочется.

Seite 96 _____

der Zahnschmerz, -en   зубная боль

die Anfrage, -n	запрос
begrenzt	ограниченный
Bei Fahrtantritt entwerten	погасить, пробить в начале поездки
das BordBistro, -s	бистро в поезде
das BordRestaurant, -s	вагон-ресторан
die Bemerkung, -en	замечание
buchen	забронировать
dauern	длиться
die Detailansicht, -en	подробное описание
Fahrradmitnahme begrenzt möglich	перевозка велосипедов возможна с ограничениями
die Fahrt, -en	поездка
die Haltestelle, -n	остановка
der InterCity, -s	междугородний поезд
der InterCityExpress (nur Singular)	междугородний экспресс
der Konzern, -e	концерн
möglich	возможный
prüfen	проверять
der Regionalexpress (nur Singular)	региональный экспресс
reiselustig	любящий путешествия
reservierungspflichtig	подлежащий бронированию

besetzt	занятый
Halt!	Стой!
nochmal	еще раз
die Straßenbahnhalte- stelle, -n	остановка трамвая

drücken	нажимать
öffentlich	общественный
normal	обычный
der Schnellbahnplan, ⁻e	расписание скоростных поездов
der Sparpreis, -e	цена со скидкой
der Verkehrsverbund, ⁻e	объединение транспортных средств

Lektion 12

fern	дальний
fern·sehen, er sah fern, er hat ferngesehen	смотреть телевизор, он смотрел телевизор, он посмотрел телевизор
der Kollege, -n	коллега
joggen	бег трусцой
die Mittagspause, -n	обеденный перерыв

Seite 101

der Spaziergang, ⸚e	прогулка

Seite 103

die Kaffeemaschine, -n	кофейный автомат

Seite 105

die Balkontür, -en	балконная дверь
die Haustür, -en	входная дверь

Seite 106

an·bieten, er hat ange-boten	предлагать, он предлагал
das Angebot, -e	предложение
bes. = besonders	особенно
der Clown, -s	клоун
damit	чтобы
das Erlebnis, -se	событие
erledigen, er hat erledigt	сделать, выполнить, он сделал, выполнил
das Familienfest, -e	семейный праздник
das Fax, -e	факс
das Firmenfest, -e	праздник на фирме
jemand	кто-то
der Kindergeburtstag, -e	детский день рождения
liefern	поставлять

die Pauschalpreisreparatur, -en	ремонт по паушальным ценам
der PC, -s	компьютер
das PC-Problem, -e	проблема с компьютером
das PC-Service-Netzwerk, -e	сеть компьютерного обслуживания
der PKW, -(s)	легковая машина
preiswert	недорогой
das Programm, -e	программа
der Spezialist, -en	специалист
alles rund um ...	всё о ...
streiken	бастовать

Seite 107

die Buchstabenkette, -n	цепочка букв
demselben	с той же самой
das Stichwortverzeichnis, -se	список опорных слов
das Thema, die Themen	тема
der Wohnungsschlüssel, -	ключ от квартиры

Lektion 13

Seite 108

| **hellblau** | голубой |

Seite 109

gesund	здоровый
modern	современный

Seite 111

der Blumenstrauß, ¨e	букет цветов
die CD, -s	компактный диск
durch	через
ersetzen, er hat ersetzt	заменить, он заменил
das Kochbuch, ¨er	поваренная книга

Seite 112

das Fitness-Center, -	центр спорта и здоровья
der Kasten, ¨en	ящик
das Kursbuch, ¨er	учебник
die Radtour, -en	прогулка на велосипеде
der Superspar, -s	название торгового центра
topfit	в наилучшей форме

Seite 113

das Gulasch (nur Singular)	гуляш
der Regenschirm, -e	зонт от дождя

eng   узкий

die Sportkleidung (nur   спортивная одежда
   Singular)

Lektion 14

Seite 116

das Bundesland, ̈er   федеральная земля

der Ferientermin, -e   сроки каникул

geschlossen   закрыто

(das) Pfingsten   Троица

Schulferien (nur Plural)   школьные каникулы

das Sommerfest, -e   летний праздник

Seite 117

bestimmen   определять

das Gedicht, -e   стихотворение

mit·gehen, er ging mit,   идти вместе с кем-то, он
   er ist mitgegangen   шел, он пошел вместе
                            с кем-то

die Strophe, -n   строфа

sympathisch finden   симпатичный

Seite 118

der Champagner (nur Singular)	шампанское
die Mitternacht (nur Singular)	полночь
die Sekunde, -n	секунда
die Weintraube, -n	виноградина

Seite 119

genug	достаточно
unbedingt	обязательно

Wiederholungsstationen

Seite 120

üben	упражнять

Seite 121

der Pulli, -s	пуловер

Seite 122

der Automechaniker, -	автомеханик
das Fußballspiel, -e	футбольный матч
zweieinhalb	два с половиной

Seite 123

der Ski, -er	лыжа

Seite 124

die Vokabel, -n	слово

Seite 125

die Deutsch-Prüfung, -en	экзамен по немецкому
exquisit	превосходный
der Unterschied, -e	разница

Seite 127

das Deutschbuch, ¨er	учебник немецкого
hin·fahren, du fährst hin, er fährt hin, er ist hingefahren	здесь: отвезти, ты отвозишь, он отвозит, он отвез

Prüfungstraining

Seite 128

das Fragewort, ¨er	вопросительное слово
die Mitteilung, -en	сообщение
lösen	решить, найти ответ
der Punkt, -e	очко

der Start, -s	старт
der Teil, -e	часть
der Tipp, -s	подсказка, совет
usw. = und so weiter	и т. д.
zweimal	дважды

Seite 129 _____

| der Elternabend, -e | родительское собрание |

Seite 130 _____

dazu	к этому
der Fahrer, -	водитель
der Fahrgast, ⸚e	пассажир
der Fluggast, ⸚e	пассажир самолета
das Gewitter, -	гроза
der Hörtext, -e	текст для прослуши-вания
die Lese-Zeit (nur Singular)	время чтения
nur	только
öffnen	открывать
rein	внутрь
der/die Reisende, -n; ein Reisender	путешественник
schließen, du schließt, er schließt, er hat geschlossen	закрывать, ты закры-ваешь, он закрывает, он закрыл
der U-Bahnhof, ⸚e	станция метро

der Antwortbogen, ⸚	формуляр для ответов
dafür	для этого
etwa	примерно
das Gemüsegeschäft, -e	овощной магазин
das Interesse, -n	интерес
die Interessentin, -nen	заинтересованное лицо (женщина)
jeweils	каждый раз
der Lesetext, -e	текст для чтения
die Lösung, -en	решение
das Stellengesuch, -e	поиски работы
trotzdem	несмотря на это
übertragen, er hat übertragen	переносить, он перенес
die Versicherung, -en	страховка
der Vorstellungstermin, -e	дата интервью при приеме на работу

bearbeiten, er hat bearbeitet	обрабатывать, он обработал
das Ehepaar, -e	супружеская пара
der Flug, ⸚e	полет
die Flugdaten (nur Plural)	данные о полете
hellrot	ярко-красный
der Hobbyraum , ⸚-e	комната для хобби
der Keller, -	подвал

das Möbelstück, -e	предмет мебели
restlich	остальной
die S-Bahn, -en	скоростная железная дорога в большом городе и его окрестностях
das Terminal, -s	конечная станция
verlieren, er hat verloren	терять, он потерял
der Wagen, -	автомобиль
die Zollkontrolle, -n	таможенный контроль
die 2-Zimmer-Wohnung, -en	двухкомнатная квартира

Seite 133

auf·passen	следить
der Busführerschein, -e	права на вождение автобуса
einzeln	отдельный
der Feiertag, -e	праздничный день
der Hersteller, -	производитель
das Herz, -en	сердце
intensiv	интенсивный
der Kinderflohmarkt, ¨e	барахолка детской одежды
Kindermöbel (nur Plural)	детская мебель
der Kinderstuhl, ¨e	детский стул
kompetent	компетентный
der Lagerverkauf, ¨e	продажа со склада
das Modem, -s	модем
die Musikschule, -n	музыкальная школа

der Nachmittagskurs, -e	курс в послеобеденное время
der Notdienst, -e	аварийная служба
offen	открытый
der PKW-Führerschein, -e	права на вождение легкового автомобиля
die Sonderaktion, -en	специальное мероприятие
täglich	ежедневно
die Tennisstunde, -n	урок игры в теннис
der Trainer, -	тренер
die Verkaufsaktion, -en	мероприятие по продаже
vormittags	до обеда
der Vormittagskurs, -e	курс в дообеденное время

Seite 134

die Bauarbeiten (nur Plural)	строительные работы
die Ecke, -n	угол
erhalten, du erhältst, er erhält, er hat erhalten	получать, ты получаешь, он получает, он получил
das Ferienhaus, ̈er	дом для отпуска
halten, du hältst, er hält, er hat gehalten	останавливаться, ты останавливаешься, он останавливается, он остановился
die Informationstafel, -n	доска информации
der Kleiderladen, ̈	магазин одежды
näher → nah	ближе → близкий

Nr. = die Nummer, -n	номер
der Patient, -en	пациент
separat	отдельный
solche	такой
die Sommerkleidung (nur Singular)	летняя одежда
Sommersachen (nur Plural)	летние вещи
der Sommerschlussver-kauf, ⁻e	летняя распродажа
die Terrasse, -n	терраса
das Verständnis (nur Singular)	понимание
voraussichtlich	вероятно, как ожидается
das WC, -s	туалет
wegen	из-за
zahlen	платить

Seite 135

außerdem	кроме того
die Ausleihe, -n	выдача
der Beginn (nur Singular)	начало
fehlend	недостающий
der Gaststudent, -en	гостевой студент
die Heimatstadt, ⁻e	родной город
das Kreuz, -e	крест
sich etwas gut schmecken lassen	есть что-то с удовольствием
das Nachbarland, ⁻er	соседняя страна

| die Spezialität, -en | особое блюдо |
| die Stadtbibliothek, -en | городская библиотека |

Seite 136

anders	другой
der Adressat, -en	адресат
formell	официально
informell	неофициально
der Prüfer, -	проверяющий
sauber	чисто
überlegen	обдумывать
die Variation, -en	вариация
während	во время

Seite 137

das Alphabet, -e	алфавит
der Ehepartner, -	супруг, супруга
die Fremdsprache, -n	иностранный язык
die Handynummer, -n	номер мобильного телефона
mündlich	устно
die Prüferin, -nen	проверяющая
der Stadtteil, -e	часть города
das Stichwort, ¨er	опорное слово
der/die Teilnehmende, -n	принимающий/-щая участие
der Test, -s	тест

die Vorstellung, -en   представление
zu zweit   вдвоем

Seite 138

folgen   следовать
der Teilnehmer, -   участник
die Teilnehmerin, -nen   участница
die Übersichtsseite, -n   страница обзора

Notizen

Notizen

Notizen